동양상담학 시리즈 ⑩

고전에서 상담 지식 추출하기

-논어를 중심으로-

박성희 저

Oriental Counseling Series

학지사

동양상담학 시리즈를 펴내며

돌이켜보면 참 오랫동안 한국상담 또는 동양상담에 대한 연구와 논의의 필요성을 느껴 왔다.

처음 상담계에 입문할 때에는 그저 서양에서 들어온 지식을 열심히 섭취하여 상담을 잘하기만 하면 그만이라고 생각했다. 상담의 발상지가 서양이니까 그렇게 하는 게 하나 이상할 것도 없고, 또 상담계에 종사하는 모든 사람들이 그렇게 하니까 아무런 의구심이 들지 않았다. 하지만 시간이 지나면서 조금씩 내가 하는 일에 무엇인가가 빠져 있다는 사실을 눈치 채기 시작했다. 서양 사람들에게서 뽑아 낸 상담 지식을 한국 사람에게 그대로 적용하는 데에 무리가 있다는 점을 알게 된 것이다. 그러니까 그때까지 나는 한국 사람을 미국 사람 대하듯 상담해 왔다. 이런 사실을 알게 되면서 내심 무척 당황하고 부끄러웠다. 한국 사람과 미국 사람이 모든 점에서 똑같다면 모르되, 그렇지 않다면 맞지 않는 옷을 어색하게 입히려는 우스꽝스런 짓을 하고 있었던 셈이다.

이때부터 나의 고민은 시작되었다. 어떻게 하면 한국 사람들에게 어울리는 상담을 할 수 있을까? 어떻게 하면 한국 사람에게 적합한 상담 지식을 찾아내고 이를 체계적으로 정리할 수 있을까? 어떻게 하면 한국적 문화와 역사와 전통을 반영한 상담 이론을 구성할 수 있을까? 이런 고민 끝에 한국인의 일상생활에 스며 있는 삶에 대한 철학과 사상과 문화적 전통을 뒤져 보자는 생각을 하게 되었다. 이렇게 해서 이 책에 실린 원고들을 하나씩 쓰기 시작하였다. 이때 우연히 이웃나라 일본의 상담학자들도 일찌감치 나와 같은 고민을 하며 일본식 상담을 개발하였다는 사실을 접할 수 있었다. 모리타 상담과 나이칸 상담은 그들의 치열한 문제의식이 잉태한 일본식 상담론으로서 우리가 한 번쯤 살펴볼 만한 가치를 가지고 있다. 이 책의 제목이 한국상담이 아니라 동양상담이라고 붙여진 것은 일븐상담이 포함되었기 때문이기도 하고, 동양사회를 관통하고 있는 유 · 불 · 도 삼가의 사상이 주요 주제로 다루어지고 있기 때문이기도 하다.

원래 이 원고 집필을 시작할 때는 한 권의 단행본으로 출판하려고 하였다. 그러나 작업을 하다보니 앞으로도 이런 작업이 끝없이 이어져야 할 거라는 생각, 그리고 연구가 완성될 때까지 오래 기다리기보다 그때그때 신속하게 연구 결과를 보고하는 편이 나을 거라는 생각이 들었다. 이 시리즈의 첫 원고가 이미 5년 전에 탈고되었다는 점이 이런 생각을 굳히게 했다. 앞으로

이 시리즈가 계속되기를 기대한다. 필자 역시 이 작업을 계속하겠지만, 한국상담과 동양상담에 관심 있는 상담학도라면 그 누구라도 이 작업을 이어갈 자격이 있다. 그리하여 앞으로 100권, 200권을 넘어서기까지 이 시리즈가 쌓여 가기 바란다. 감히 말하건대, 이 시리즈 목록의 길이는 한국상담의 성숙도를 보여 주는 바로미터가 될 것이다.

필자는 상담을 전공하는 후학들이 '우리와 우리 것'에 대해 관심 가지기를 간절하게 바란다. 원고를 쓰면서 필자는 우리 역사, 사상, 철학, 문화 속에 상담 정신이 깃든 자료가 그렇게 풍부하다는 데 정말 놀랐다. 그럼에도 불구하고 이들이 상담학도들의 눈에 띄지 않았다는 사실이 참 이상하다. 다소 늦기는 했지만 이 자료들을 정리하여 현대 상담 속으로 끌어들일 때가 되었다. 외국으로부터 배울 것은 배우되, 온고지신 하는 마음으로 우리 것을 품어서 한국상담학을 정립해 가는 창조적인 작업에 모두 동참하자.

이 작업을 시리즈물로 기획하자고 제안하신 김진환 사장님 그리고 상담에 대한 깊은 애정을 가지고 정말 꼼꼼하게 교정과 편집 책임을 맡아주신 최임배 부장님에게 감사의 말씀을 드린다. 앞으로도 좋은 상담책 많이 출판하셔서 한국 상담계의 발전에 큰 몫을 담당해 주시기 바란다.

청주 원봉산 자락에서, 박성희

머리말

동서양을 막론하고 고전은 인류가 살아오면서 얻은 소중한 지혜를 담고 있는 문화유산이다. 오랜 세월을 거치면서 그 가치를 검증받아 살아남은 게 고전이라면, 이들은 지나간 시대의 유물이 아니라 지금도 살아 숨쉬는 지혜의 저장고로 대접받아야 한다. 그러니까 심심할 때 뒤적이는 심심풀이 땅콩이 아니라, 그 안에서 삶의 지혜를 발견하고 사람들의 삶을 윤택하게 하는 자원으로 활용되어야 한다는 말이다. 사실 고전으로서 그런 대접을 받는 서적들은 많다. 기독교 경전으로 사용되는 성경은 과거에도 그랬고, 오늘도 수천만 명의 인류가 읽고 묵상하고 기도하는 살아 있는 인생 안내서다. 이슬람이나 불교 경전들도 마찬가지다. 물론 사정이 조금 다른 고전들도 있다. 고전이라고 여겨지기는 하지만, 특별히 관심을 가진 사람들 이외에 접하는 사람들이 드문 경우도 허다하다. 그렇다고 해서 그들의 가치가 떨어진다고 단정할 수는 없다.

고전의 가치는 그 고전 속의 지혜가 오늘 우리의 삶에 빛을 던져줄 때 드러난다. 하지만 고전을 그냥 놔두어서는 그 안에 담긴 지혜를 활용할 길이 없다. 고전 속에 아무리 귀중한 지식이 들어 있어도 이를 천착하고 다듬어 현대인의 삶에 유용하도록 풀어 내지 않으면 아무 소용이 없다. 고전에 다가가 그 내용을 적극적으로 파고들어가야 할 이유가 여기에 있다.

고전 서적에는 현대 상담에 엄청난 시사점을 주는 지식들이 많이 담겨 있다. 사람들의 삶에 대해 다루고 있는 고전이 바로 그 사람들의 삶을 행복하고 풍요롭게 하기 위하여 존재하는 상담에 도움이 될 만한 지식을 담고 있으리라는 점은 의심할 필요가 없다. 문제는 고전 속에 담긴 상담적 가치를 살피지 못하고 이를 그냥 내버려둔 상담자와 상담학자들에게 있다.

필자의 〈동양상담학 시리즈〉는 고전 속에 담긴 상담

지식을 발굴하고 이를 현대 상담에 활용할 수 있는 방안에 대해 소개하고 있다. 이 작업을 하면서 필자는 고전에서 상담 지식을 찾아내는 연구 방법이 절실히 필요함을 느꼈다. 이런 종류의 연구 방법이 있다면 보다 손쉽고 체계적으로 상담학적 입장에서 고전을 탐색할 수 있는 길이 열릴 수 있기 때문이다. 물론 고전마다 성격이 다르므로 다양한 연구 방법들이 있을 수 있지만, 고전과 상담을 연결하는 하나의 큰 틀을 제시하는 작업은 그 자체로 소중한 가치가 있다. 이 글이 앞으로 고전에서 상담 지식을 찾는 데 관심을 가진 학도들에게 도움이 되어 이 분야의 연구를 활성화시키는 계기가 된다면 좋겠다.

차례

1

고전에서 추출하는 상담 지식의 성격과 연구 방법

흔히 과학적 지식을 생산하는 방법은 크게 세 가지로 나뉜다. 연역적 방법, 귀납적 방법, 가설-연역적 방법이 그것이다. 연역적 방법(inductive)은 이미 알고 있는 일반적 진리를 근거로 연역적 추리에 의하여 올바른 지식에 도달하려는 방법이고, 귀납적 방법(deductive)은 개별 사례를 관찰하고 그들의 공통되는 속성을 추출함으로써 일반적 지식을 확보하는 방법이며, 가설-연역적 방법(hypothetic-deductive)은 연역적 추론을 하되, 전제로 삼은 가설이 참인지 거짓인지 객관적 실험을 통하여 검증함으로써 새로운 지식을 확보해 가는 방법이다. 오늘날 자연과학과 사회과학은 주로 가설-연역적 방법을 사용하는 것으로 알려져 있다.

로저스를 필두로 하여 현대 상담이 시작된 이래 상담 지식은 대부분 가설-연역적 방법에 의해 구성되어 왔다. 그러니까 사람을 돕는 방법에 대한 다양한 가설들을 설정하고 실험이나 조사, 관찰과 같은 과학적 방법을 동원하여 그 가설의 진위 여부를 판단하는 방법을 통해 상담 지식을 축적해 온 것이다. 최근에 '귀납적 구성 이론(grounded theory)' 처럼 아무런 가설을 갖지 않고 처음부터 원자료에서 출발하여 새로운 지식을 구성해 가는 순수 귀납적 방법이 활용되기 시작했지만(박성희, 2004), 아직도 상담 연구법의 대세는 가설-연역적 방법에 의존하고 있다.

그렇다면 고전에서 상담 지식을 추출해 낼 때 이 세 가지 방법 중 어느 것이 가장 적절할까? 이 질문에 답하기 위해서는 먼저 고전에 담긴 상담 지식의 종류를 따져 볼 필요가 있다. 일단 고전 자체로 돌아가 생각해 보자. 고전에 담긴 내용은 크게 세 가지 종류의 지식으로 분류된다. 하나는 세월이라는 시간적 검증 과정을 거쳐 타당성을 인정받은 지식(참 지식: 예를 들어, 논어에서 독서와 사색의 중요성을 강조하는 부분), 하나는 타당성을 인정받지 못한 지식(거짓 지식: 예를 들어, 논어에서 지나치게 예를 강조하는 부분) 그리고 나머지 하나는 아직까지 그 진위가 분명하게 판가름나지 않았거나, 적극적으로 언명되지 않은 지식(중립적 지식: 예를 들어, 논어에서 역사인물 비평을 사용하는 부분)이다. 이 중에서 상담학자인 우리가 관심을 가지는 지식은 '참 지식'과 '중립적 지식'이다. 고전에서 참 지식으로 판명된 지식은 상담학에서도 굳이 그 진위 여부를 상세하게 따지고들 필요가 없다. 다만, 상담학적 관점에서 이를 재구성하고 현대의 상황적 조건에 알맞게 다듬는 작업을 빼놓을 수는 없다. 그러니까 참 지식의 경우에 굳이 연역적, 귀납적, 가설-연역적 방법을 들이대는 대신 논리적 정합성과 설득력을 갖춘 상담 지식으로 체계를 세우면 충분하다. 물론 필요에 따라 가설-연역적 방법을 사용하여 내용 검증을 할 수도 있다.

중립 지식은 다소 복잡하다. 일단 중립 지식 중 상담적 가치가 있는 지식을 찾아내야 하고 또 찾아낸 중립 지식에 대해 타당성을 검증하는 과정이 필요하기 때문이다. 이 과정에서 요구되는 연구 방법이 바로 가설-연역적 접근이다. 고전에 담겨 있는 중립 지식을 상담 가설로 설정하고, 객관적인 절차를 거쳐서 그 내용의 타당성을 검증해 나가는 것이다. 그런데 이렇게 하려면 우선 고전에서 상담적 가치를 가진 상담 가설을 많이 끌어내야 한다. 상담 가설이 많아질수록 상담학에서 탐색할 부분도 많아지고, 결국 상담학의 지식도 확대될 것이기 때문이다. 고전과 상담을 연결해 내는 상담 연구자들의 창의성이 크게 요구되는 작업이다. 이 작업이 잘 이루어지면 검증을 포함한 그 다음 작업들이 활기차게 이루어질 수 있다. 추측컨대, 상담자들이 고전에서 상담적 가치가 높은 상담 가설을 많이 뽑아낼수록 상담 연구는 더욱더 활성화될 것이다.

그러므로 고전에서 상담 지식을 추출하는 방법은 크게 두 가지로 요약할 수 있다. 하나는 기왕에 참 지식으로 알려진 고전의 내용들을 상담학의 성격에 맞게 재구성하는 방법이요, 다른 하나는 고전 속에 숨어 있는 상담 지식들을 찾아낸 후 가설-연역적인 방법으로 그 타당성을 검증해 가는 방법이다. 참 지식을 상담적으로 재구성하는 방법과 중립 지식에서 상담적 가설을 찾아내는 일은 기본적으로 이론적, 논리적, 사변적 탐색이 주가 된다. 물론 이렇게 발견된 상담 지식들은 과학적이고 객관적인 절차에 따라 검증되어야 한다. 상담 지식을 창출하는 데 방금 말한 두 연구 과정 도두 중요하지만, 이 글은 주로 고전에 대한 이론적, 논리적, 사변적 탐색을 어떻게 할 것인가에 초점을 두고 논의를 전개할 것이다.

2

고전에서 상담 지식을 추출하는 과정

고전에서 상담 지식을 추출하는 과정을 몇 가지 단계로 나누어 살펴보자.

1. 고전을 선정하는 단계

고전 서적은 모두 가치 있는 문화유산이지만 모든 고전이 다 상담적 가치를 가지고 있는 것은 아니다. 따라서 많은 고전 서적 중에서 상담적 가치를 풍부하게 담고 있는 고전을 선정하는 일이 우선되어야 한다. 고전을 선정할 때는 다음과 같은 기준을 적용할 수 있다.

첫째, 지금도 사람들에게 많이 읽히고 입에 자주 오르내리는 고전
둘째, 현대인의 내면세계와 삶의 방식에 영향을 주는 고전
셋째, 삶에 대하여 독특하고 창조적인 발상을 담고 있는 고전
넷째, 인간과 인류를 바라보는 시각에 획기적인 변화를 일으킨 고전
다섯째, 한국의 전통적 사상, 철학, 사고방식을 대표하는 고전

아울러, 고전의 원문이 한글이 아니라 한문 또는 다른 외국어로 쓰여 있는 경우 가능하면 정확한 번역으로 정평이 나 있는 번역서를 선택한다. 상담 지식을 추출하는 데 원전의 자구 하나하나에 대한 정확한 번역이 꼭 필요하지는 않지만, 그래도 원전의 뜻에 가깝게

접근하는 것이 바람직하다.

2. 고전을 읽는 단계

고전을 선정한 다음에는 본격적으로 고전의 내용을 이해하고 거기서 상담 지식을 찾아내는 작업에 돌입한다. 여기서 첫 번째로 해야 할 일이 고전을 깊이 읽는 일이다. 고전을 읽을 때 가능하면 다음과 같은 사항을 지키도록 한다.

첫째, 고전을 반복해서 여러 번 읽는다. 한두 번 읽는 것으로 그치지 말고 고전 속에 담긴 내용이 어느 정도 형상화될 때까지 되풀이해서 읽는다. 이때에는 특별히 다른 것을 염두에 두지 말고 오로지 내용 해독에 초점을 둔다.

둘째, 고전 내용에 대한 전체적인 게슈탈트가 생기면 그 다음에는 고전 내용 중 삶을 규정하는 부분, 삶을 평가하는 부분, 변화를 언급하는 부분 등 상담적 가치가 있을 만한 부분에 표시해 가며 읽는다. 그러니까 앞으로 참고할 가능성이 있다고 여겨지는 모든 부분에 표시해둔다. 이때에는 표시되는 내용들을 분류하는 데 신경 쓰지 말고 오로지 그런 부분을 찾아내는 데 주의를 기울인다.(a)

3. 주변 자료를 읽는 단계

선정한 고전에 대해 설명한 주변 자료들을 읽는다. 주변 자료는 해설서, 주석서일 수도 있고 또는 평론, 작가에 대한 평전 등 다양할 수 있다. 유명한 고전에 대해서는 주변 자료가 너무 풍부하여 오히려 혼란스러울 때가 있다. 이럴 경우 주변 자료를 모두 읽는 것보다 몇 가지 핵심적인 자료들에 집중하는 편이 낫다. 해당 분야 전문가의 자문을 구하거나, 가장 보편적으로 인용되는 자료를 선택하는 것도 한 가지 요령이다. 주변 자료를 읽을 때는 다음과 같은 사항에 유의한다.

첫째, 주변 자료를 읽는 목적은 이들을 통해서 고전의 의미를 보다 정확하고 풍부하게 이해하기 위해서다. 따라서 주변 자료들이 제시하는 다양한 관점과 시각을 넓게 섭렵하는 것이 좋다. 때로는 고전 해석에서 대립되거나 갈등 관계에 있는 학자들의 의견을 대조해보는 것도 도움이 된다.

둘째, 특별히 의미가 있다고 여겨지는 어구나 문장(의미 단위)들을 따로 기록해놓는다. 이때 그 의미 단위를 통해 머릿속에 떠오르는 다양한 생각이나 심상들도 더불어 기록한다. 이 기록은 글을 쓰는 단계에서 유용하게 활용될 것이다.

셋째, 이 분야의 학자들이 벌이는 세밀한 자구 해석에 대한 구구한 논쟁에 대해서 크게 신경 쓰지 않는다. 우리가 고전을 읽는 이유는 이를 재료로 삼아 상담 지식을 찾거나 또는 그 실마리를 얻으려는 것이지, 그 정확한 뜻에 매달리려는 것이 아니다. 따라서 자구의 정확한 해석이 무엇인가를 알기 위해서 많은 시간을 낭비할 필요가 없다. 될 수 있으면 원전에 가깝게 다가가되, 우리의 목적은 그 너머에 있음을 명심한다.

4. 고전의 중심 내용 정리하기(b)

고전과 그 주변 자료를 통해서 고전의 내용에 대한 이해가 깊어지면 이제 그 내용을 정리하기 시작한다. 이 부분은 다음과 같은 순서를 따른다.

첫째, 처음에는 상담 지식과의 연관성에 무게를 두지 말고 고전 자체에 대해 이해한 바를 체계적으로 정리한다.

둘째, 다소 거칠어도 좋으니 큰 틀 안에서 상담 지식과 연관될 법한 아이디어나 개념들을 첫째 내용에 덧붙인다. 이 내용들은 후속 작업들을 통해서 다듬어질 것이다.

5. 상담 지식 추출하기(c)

이제 고전과 그 주변 자료를 읽고 이해한 내용을 중심으로 본격적인 상담 지식을 추출할 차례다. 다음 순서를 따르면 이 작업이 보다 수월해질 것이다.

첫째, 앞에 (a)에서 표시해놓은 모든 어구와 문장들을 한데 모은다.

둘째, 이렇게 모은 어구와 문장들을 반복해 읽으면서 그 내용과 의미가 비슷한 것들끼리 분류하고 잠정적인 이름(분류명)을 붙인다.

셋째, 분류명과 분류명에 속해 있는 어구와 문장을 다시 반복적으로 읽으면서 그들이 가지고 있을 만한 내적 관계를 찾아본다.

넷째, 앞에 이름을 붙인 여러 분류명들 사이에 어떤 관계가 존재하는지 찾아본다.

다섯째, 앞에서 정리한 고전의 중심 내용과 분류명들 그리고 분류명에 속한 어구와 문장들의 관계를 총체적으로 살핀다.

여섯째, 상담과 연관을 지으며 앞에서 찾아낸 지식들의 의미를 해석하고 체계적으로 구성하는 작업을 시작한다. 고전의 내용을 상담과 연관지을 때 몇 가지 차원으로 나누어 생각을 정리하면 도움이 될 것이다. 상담 지식을 몇 가지 차원으로 나눌 때 고려할 만한 틀을 제시해 보자.

1) 상담 요소에 따라 나누는 방법

상담 요소를 나누는 방법은 매우 다양하지만 여기서는 상담 지식의 기저를 이루는 요소들로 인간관과 세계관, 인간 변화의 원리, 인간 변화의 수준과 단계, 상담 목적, 상담 과정, 상담 방법 등 여섯 가지로 나누는 방법을 추천한다. 이는 가장 포괄적이면서도 체계적으로 상담 지식을 정리할 수 있는 장점이 있다.

2) 변화와 적응에 대한 상담적 원리, 전략, 기법에 따라 나누는 방법

대부분의 고전은 상담 요소를 골고루 만족시킬 지식들을 풍부하게 제공하지 않는다. 기껏해야 여기저기서 상담과 연결시킬 수 있는 지식들을 산발적으로 발견할 수 있을 따름이다. 이런 경우에는 상담 지식을 추출하는 대안적 방법을 고려해야 한다.

상담적 원리, 전략, 기법에 따라 나누는 방법은 고전에서 산발적으로 얻는 변화와 적응에 대한 상담 지식을 그 추상화의 수준에 따라 가르는 방식이다. 상담 원리에는 사람의 변화와 적응에 대해 비교적 일반화된 수준의 지식을 담고, 상담 전략과 기법에는 보다 구체적이고 실제적인 수준의 지식을 담을 수 있다.

3) 심리적인 적응(정상적 생활)과 부적응(비정상적 생활)에 대한 내용에 따라 나누는 방법

고전 속에 특히 심리적 문제나 치료에 대한 견해가 직·간접적으로 표명되어 있는 경우에 심리적인 적응과 부적응 중심으로 그 견해를 정리할 수도 있다. 심리적인 '문제'와 '치료'에 초점을 맞추어 상담 지식을 구성해 가는 것이다. 이를 조금 더 확대하면, 정상적 생활과 비정상적 생활의 문제로 대비시키면서 상담적 아이디어를 발전시킬 수도 있다.

6. 현대 상담의 입장에서 추출한 상담 지식의 가치 평가하기(d)

1.~5.의 과정을 통해 추출한 상담 지식이 현대 상담의 발전에 어떤 기여를 할 수 있는지 평가한다. 아무리 어려운 과정을 거쳐서 추출한 상담 지식일지라도 그 내용이 기왕에 알려진 상담 지식과 유사하거나 현대 상담에 시사해 주는 바가 적다면 그 가치를 인정하기 어렵다. 처음 고전을 탐구하려고 할 때 이미 기존의 상담 지식과 다른 지식을 찾을 수 있을 것이라는 예감을 가지고 있었겠지만, 실제 발견해 낸 지식이 정말 그런

기대를 만족시키고 있는지 냉정하게 점검해야 한다. 그러므로 이 부분에서 지금까지 고전에서 발견한 상담 지식이 현대 상담에 어떤 시사점을 주는지 그 가치를 드러내는 작업을 한다.

이 작업에는 특별히 연구자의 뛰어난 창의성이 요구된다. 현대 상담에 새로운 지식을 추가하기 위해서는 기왕의 상담 지식에 대해 균형 잡힌 지식과 시각을 가지고 있어야 하고, 아울러 새롭게 발견한 상담 지식이 현대 상담의 어떤 영역에 어떤 공헌을 할 수 있는지 평가할 수 있어야 한다. 새로 발견한 상담 지식의 고유성과 특수성을 밝혀 나가는 일 역시 중요하다. 여기에다가 앞으로 탐색해야 할 각종 상담 가설들을 풍부하게 생성해 낼 수 있다면 더욱 좋다. 그런데 이렇게 하려면 새로 발견한 상담 지식을 여러 번 되풀이해 읽고 깊이 사고하며 다양한 측면에서 그 가치를 이끌어 내는 창의적인 작업에 몰입해야 한다.

7. 글쓰기

이제 본격적인 글쓰기를 시작한다. 이전의 단계에 중간중간 정리하는 부분이 있었지만 여기에 와서 비로소 종합적이고 체계적인 글쓰기를 한다. 글쓰기는 크게 세 부분으로 나뉜다. 첫째, 상담학의 입장에서 고전의 중심 내용을 해석하는 부분, 둘째, 고전에서 발견되는 상담 지식을 추출하는 부분, 셋째, 고전에서 발견한 상담 지식을 현대 상담과 연관짓는 부분 등이다.

1) 고전의 중심 내용에 대한 상담적 해석 쓰기(e)

(b)에서 정리해놓은 내용과 그 이후 작업들을 통해 얻은 지식을 바탕으로 고전의 내용을 상담적으로 해석한다. 이때 고전의 모든 내용을 다 다룰 필요는 없고, 특히 상담과 상담학에 도움을 줄 것이라고 여겨지는 중심 개념들에 초점을 맞춘다. 이 과정에서 될 수 있는 대로 연구자의 상상력을 풍부하게 동원한다. 없는 내용을 만들어서 억지로 짜맞추는 것은 곤란하지만, 고

전에서 실마리를 잡아 상담과 연결된 생각을 발전시키는 일은 권장할 만하다. 그렇다고 해서 고전의 원래 의미에서 지나치게 벗어난 해석을 하는 일은 삼가야 한다. 고전의 의미를 제대로 드러내는 동시에 연구자의 창의성을 살리는 해석이면 좋다. 연구자가 해석해놓은 내용을 해당 고전의 전문가에게 검토받아 보는 것도 한 방법이다.

2) 고전에서 추출한 상담 지식 쓰기(f)

(c)에서 추출한 상담 지식을 보다 자세하고 구체적으로 기술하는 단계다. 앞에 예시한 세 가지 차원이나 기타 다른 방법을 택하여 기왕에 추출한 상담 지식을 체계적으로 기술한다. 이때에는 현대 상담을 의식하지 말고 고전에서 발견되는 상담 지식 자체에 초점을 맞춘다. 그러니까 다른 것을 섞지 말고 고전에서 찾아낸 상담 지식들과 그 지식들 간의 관계를 정합성 있는 논리로 풀어 내는 것이다. 이 작업이 잘 이루어져야 고전 특유의 상담 지식이 제 모습을 드러낼 수 있다. 이렇게

정리된 지식은 일종의 원자료로서 후속 작업에 도움을 줄 것이다.

3) 현대 상담에 주는 시사점 쓰기

(e)와 (f)가 끝나면 이제 고전이 현대 상담에 주는 시사점을 쓸 차례다. 이 부분을 쓸 때에는 그야말로 연구자의 창의성이 매우 중요하다. (e)와 (f)가 고전의 원래 의미에 충실하게 다가서는 작업이라면, 이 부분은 (e)와 (f)에서 얻은 상담 지식을 현대 상담에 응용할 수 있는 방법을 찾는 작업이다. 그러니까 고전에 담긴 상담 지식이 시대를 뛰어넘어 현대에서도 빛날 수 있을지의 여부가 이 작업에 달려 있다.

(e), (f)를 통해 얻은 상담 지식은 현대 상담에 그대로 가져다 쓸 수 있는 것도 있고, 새롭게 해석하고 다듬어야 할 것도 있다. 연구자는 고전의 상담 지식들에서 보이는 이러한 다양한 차이를 잘 살펴서 이들을 현대 상담에 적합하도록 끌어들여야 한다. 이렇게 하려면 연구자는 창조적 상상력과 왕성한 가설 생성 능력을 활용하

여 (d)에서 작업한 바를 도전적이고 설득력 있는 글로 표현해야 한다. 바로 이 부분이 고전을 탐구하는 이유라는 점을 명심하고 공력을 들여서 글을 써야 한다.

8. 가설 연역적 방법으로 추출한 상담 지식의 타당성 검증하기

이 글의 관심은 일단 고전에서 상담 지식을 찾아내고 다양한 상담적 가설을 생성해 내는 데 있다. 하지만 이렇게 추출된 지식들은 엄격한 과학적 절차를 거쳐 검증될 필요가 있다. 그래야 비로소 현대 상담학의 체제 속에 당당한 자리매김을 할 수 있을 것이다. 이 과정은 현대 사회과학적 연구방법론의 논리에 따라 진행하면 된다. 이에 대한 지식은 이미 널리 알려져 있으므로 따로 언급하지 않겠다.

3

고전에서 상담 지식을 추출하는 과정에 대한 예시: 논어를 중심으로

이제부터 논어를 예로 들어 고전에서 상담 지식을 추출해 가는 과정을 자세히 살펴보자.

1. 논어를 선정한 이유

여기에서는 상담 지식을 발굴하기 위한 고전으로 왜 논어를 선택했는지 그 이유를 분명히 밝혀야 한다.

필자는 '지금도 사람들에게 많이 읽히고 입에 자주 오르내리는 고전', '현대 한국인의 내면세계와 삶의 방식에 강하게 영향을 주는 고전', '한국의 전통적 사상, 철학, 사고방식을 대표하는 고전'이라는 이유를 들어 논어를 선택했다. 잘 알다시피 논어는 세계 4대 성인의 하나로 불리는 공자의 행적을 기록한 책으로 인류에게 지대한 영향력을 끼쳐 왔고, 지금도 영향을 끼치고 있는 불후의 고전이다. 이 속에서 상담적 가치가 들어 있는 지식을 끌어내는 일은 더 말이 필요 없을 정도로 가치 있는 작업이다.

논어는 한문으로 쓰인 글로서 주석서, 번역서, 해설서들이 상당히 많다. 이들 중에서 필자는 김용옥(2001, 2002), 박이문(2005), 성백요(1993), 왕방웅 · 증소욱 · 양조한(2002), 양백준(1997), 이장지(1985), 천웨이핑(2002), 핑가레트(1993)의 논어 주석과 주변 자료들을 참고하였다. 이 글의 목적이 논어에 대한 정확한 해석보다 상담 지식을 추출하는 데 있으므로 논어에 대한 여러 학자들의 의견을 편의대로 가져다 썼다.

2. 논어 읽기

일단 논어를 선정한 다음에는 번역된 논어를 반복해서 읽었다. 처음에는 전체 흐름을 파악하면서 부담 없이 읽어 나갔고, 두 번째부터 다섯 번째까지는 논어에 실려 있는 세세한 부분까지 기억하려고 애를 쓰며 읽어 나갔다. 이렇게 해서 논어에 대한 전체적인 게슈탈트가 생기자, 여섯 번째는 의미 단위가 있다고 여겨지는 부분에 표시를 하며 읽어 나갔다. 일곱 번째 다시 읽으면서 여섯 번째 읽을 때 표시한 부분을 다시 확인하였고, 아울러 보충할 부분에 추가적으로 표시하였다.

읽으면서 표시한 부분을 일부 예로 제시하면 다음과 같다.

〈학이〉

· 사람들이 알아주지 않더라도 서운해하지 않는다면 군자가 아니겠는가.
· 말을 좋게 하고 얼굴빛을 곱게 하는 사람이 인한 이가

적다.

〈위정 2〉

· 한 사람이 교제하는 친구를 조사하고, 그가 일정한 목표를 달성하기 위해 채용한 방법을 관찰하며, 그의 심정이 무엇에 편안함을 느끼고, 무엇에 불안감을 갖는가를 알아낸다. 그렇다면 그 사람됨이 어찌 숨겨질 수 있겠느냐? 그 사람됨이 어찌 숨겨질 수 있겠느냐?
· 예전에 익힌 지식을 복습할 때, 새로운 체험과 새로운 발견을 할 수 있다면 곧 선생이 될 수 있다.

〈이인 4〉

· 어떤 잘못은 일정한 사람에 의해 저질러진다. 자세히 한 사람이 저지른 잘못을 관찰해 보면 곧 그가 어떤 유형의 사람인가를 알 수 있다.
· 군자가 천하의 일에 대해서 반드시 어떻게 해야 한다는 규정도 없고, 또한 하지 말아야 한다는 규정도 없는데, 다만 어떻게 하는 것이 합리적이고 합당한지 이에 따라 할 뿐이다.
· 개인의 이익에 근거하여 행동하면 많은 원한을 불러들이

게 될 것이다.

· 직위가 없음을 근심하지 말고, 다만 직위를 맡을 자질이 없음을 근심하라. 자기를 알아주는 사람이 없음을 걱정하지 말고, 다른 사람들로 하여금 자기의 자질을 알 수 있도록 추구하여라.

· 선생님의 학설은 다만 충과 서뿐이다. 恕에 대하여 공자 자신은 “자기가 하고 싶지 않은 것을 남에게 시키지 않는다.”고 했으며, 忠은 서의 적극적 측면, 즉 “자기가 서려 하면 먼저 남을 세우고, 자기가 통달하려면 먼저 남을 통달하게 한다.”고 말했다.

· 어진 사람을 보면 마땅히 그와 같이 하려고 하며, 어질지 못한 사람을 보면 곧 자신을 반성해야 한다.

〈술이 7〉

· 인품과 덕성을 배양하지 않고, 학문을 강습하지 않으며, 의가 거기에 있음을 듣고도 오히려 몸소 그곳으로 가지 못하며, 결점이 있어도 고치지 못하는 것, 이러한 것들 모두 내가 우려하는 것이다.

· 공자께서 집에서 한가하게 지낼 때에는 그 모습이 매우 가지런하시고, 얼굴빛이 화락하시며, 심신이 편안하셨다.

· 학생을 가르치는데, 그가 마음속으로 분명함을 구하려

하나 얻지 못하는 지경에 이르지 아니하면 그를 깨우쳐 주지 않고, 그가 말하고자 하나 오히려 말이 나오지 않는 지경에 이르지 아니하면 그를 개발해 주지 아니한다. 그에게 동쪽을 가르쳐 주었는데, 그가 그것으로 서 · 남 · 북 세 방향을 미루어 알지 못하면 다시 그를 가르치지 않는다.

· 나는 참으로 행운아구나. 만약 내게 허물이 있으면 사람들이 꼭 지적해 주니 말이다.

· 공자는 온화하면서 준엄하시고, 위엄이 있으면서 사납지 않으시며, 장엄하면서 점잖으셨다.

〈태백 8〉

· 공자는 다음의 네 가지 결점을 조금도 갖고 계시지 않았다. 근거없이 추측하지 않으시고, 덮어놓고 긍정을 하지 않으셨으며, 융통성없이 고집을 부리지 않으셨고, 오직 나만이 바르다고 하지 않으셨다.

〈안연 12〉

· 예에 맞지 않는 일은 보지 말 것이며, 예에 맞지 않는 말은 듣지 말 것이며, 예에 맞지 않는 말은 하지 말 것이며, 예에 맞지 않는 일은 하지 말 것이다.

· "선비는 어떻게 해야 통달했다고 할 수 있습니까?" "어떻게 해야 통달하는가? 품성이 정직하고, 어떤 일이 생기면 이치를 따지며, 다른 사람의 말을 잘 헤아리고서 다른 사람의 안색을 잘 관찰하며, 생각에서도 다른 사람에게 자신을 낮추고자 원하는 것이다."

· "어떻게 해야 자기의 덕을 높이고, 자신에 대한 다른 사람의 드러나지 않은 원한을 없애며, 어떻게 어리석은 일을 분별할 수 있는지를 묻고자 합니다." 공자께서 말씀하셨다. "참 잘 물었구나. 먼저 일을 하고나서 수확을 얻으면, 덕을 높일 수 있지 않겠느냐? 자신의 나쁜 점은 비판하되, 다른 사람의 나쁜 점은 비판하지 않으면, 보이지 않는 원한을 없앨 수 있지 않겠느냐? 우연한 분노 때문에 자기를 잊고, 심지어는 부모까지도 잊어버리게 되니, 어리석은 것이 아니겠느냐?"

〈자로 13〉

· 강직하고, 결단력 있으며, 소박하고, 말을 쉽게 내뱉지 않는 네 가지 인품을 가진 사람은 인덕에 가깝다.

· 서로 비평해 주고, 화목하게 같이 살면 선비라 할 수 있을 것이다. 친구 사이에는 서로 비평해 주고, 형제간에는 화목하게 같이 사는 것이니라.

〈헌문 14〉

· 미리 다른 사람이 나를 속이지 않을까 의심하지 말고, 또 아무런 근거없이 다른 사람이 믿음직하지 못할까 미리 추측하지 말 것이되, 오히려 일찍 발견해 낼 수 없는 사람이 현자일 것이라!

〈위령공 15〉

· "한마디로 평생토록 받들 만한 말이 있습니까?" "아마도 서(恕)가 아닐까! 내가 하고 싶지 않은 어떠한 일을 다른 사람에게 시키지 말아야 한다."

· 군자에게 아홉 가지 생각하는 바가 있으니, 볼 때는 분명하게 보았는가를 생각하고, 들을 때는 똑똑히 들었는가를 생각하고, 얼굴의 안색은 온화한가를 생각하고, 용모와 태도는 공손한가를 생각하고, 말은 충성스럽고 솔직한가를 생각하고, 일을 행할 때에는 엄숙하고 진지한가를 생각하고, 의심스러운 것이 있을 때에는 다른 사람에게 어떻게 물을 것인가를 생각하고, 분노가 치밀어 오를 때에는 어떤 후환이 있을 것인가를 생각하고, 얻을 것을 보면 내가 마땅히 얻어야 할 것인지를 생각한다.

〈양화 17〉

· 도처에 능히 다섯 가지 인품과 덕성을 행할 수 있으면 어진 사람이라 할 수 있다. 장중하고, 관대하며, 성실하고, 부지런하고 민첩하며, 자혜로운 것이다. 장중하면 모욕을 받지 않고, 관대하면 많은 사람들의 옹호를 받게 되며, 성실하면 다른 사람에 의해서 쓰임을 받게 되고, 부지런하고 민첩하면 일의 효율이 높아져 공헌하는 바가 커지고, 자혜로우면 사람을 부릴 수 있다.

· 인덕을 좋아하되 학문을 좋아하지 않으면 그 병폐는 사람들에게 쉽게 우롱당하는 것이고, 총명함을 좋아하되 학문을 좋아하지 않으면 그 병폐는 방탕하고 기초가 없어지게 되는 것이고, 성실함을 좋아하되 학문을 좋아하지 않으면 그 병폐는 남에게 쉽게 이용당해 자기를 해치는 것이고, 솔직함을 좋아하되 학문을 좋아하지 않으면 그 병폐는 말이 날카로워 다른 사람의 마음을 아프게 하는 것이고, 용감한 것을 좋아하되 학문을 좋아하지 않으면 그 병폐는 난을 일으켜 화를 자초하는 것이고, 강함을 좋아하되 학문을 좋아하지 않으면 그 병폐는 겁없이 함부로 행동하는 것이다.

· 제자들아, 너희들은 어찌하여 시를 연구하지 않느냐? 시를 읽으면 연상력을 기를 수 있고, 관찰력을 제고시킬 수

있으며, 다른 사람과 잘 어울리는 훈련을 할 수 있고, 풍자 방법을 배울 수 있다. 가깝게는 그 가운데의 도리를 운용하여 부모를 모실 수 있고, 멀리는 임금을 섬길 수 있을 뿐 아니라, 또한 조수 초목의 이름도 많이 알 수 있다.

3. 주변 자료 읽기

논어에 대한 번역서와 더불어 주석서, 공자에 대한 평전 등을 읽으면서 이해의 폭을 넓혀 나갔다. 아울러 자료들을 읽으면서 의미 단위가 들어 있다고 판단한 문장과 어구들을 뽑아 기록해놓았다. 이때 의미 단위가 실마리가 되어 떠오르는 생각이나 심상이 있으면 함께 기록하였다. 아래에 허버트 핑가레트(1993)의 저작에서 발췌한 의미 단위와 그에 대한 필자의 단상에 대한 기록을 예로 제시한다.

· 인간의 조야한 충동이 예에 의해 도야됨으로써 인간은 진정한 인간으로 형성되는 것이다. 따라서 예는 인간적

충동의 완성, 즉 충동의 문명적 표현이지, 결코 형식주의적 비인간화가 아니다. 예는 인간과 인간 간의 관계를 생동적으로 살려 내기 위한 인간 고유의 형식인 것이다(p. 29).

· 예식의 참된 모습에는 일종의 자연스런 자발성이 있다. 예식을 올리는 개개인들이 진지하고 성실하게 몸과 마음을 움직이기 때문에 예식에는 생명력이 있다. 정말 진짜 예식이 되게 하려면 누구나 '제사에 몸소 참여' 해야만 한다. 그렇지 않으면 마치 '제사를 전혀 드리지 않는 것'과 마찬가지인 것이다. 달리 말하면, 예를 잘못 집행하는 두 가지 사례가 있다. 숙련된 세련미 부족으로 예식이 부자연스럽게 억지로 진행되거나, 예식이 겉으로 보아서는 매끄럽지만 진지한 목적의식과 실천이 따르지 못하기 때문에 어딘가 기계적이며 맥이 빠져 보이는 경우다. 아름답고 생명력 있는 예식은 숙련된 예식의 세련미와 혼융하는 집행인의 '현장성' 을 필요로 한다. 이런 이상적 융합이 바로 신성한 예식이라는 의미의 진정한 예인 것이다(pp. 30-31).

· 경건하고 근엄한 마음가짐을 하고 서로 자유스럽게 협동하는 가운데 예는 살아 움직인다. 신성한 의식의 완성은 예술적이며 동시에 정신적인 것이다(p. 31).

고정되고 화석화된 기능이 아니라 살아서 움직이고 상황에 맞춰 변화할 수 있는 융통성과 탄력성이 넘치는 개념으로 예를 대할 필요성이 있다.

· '예식' 이 자체 안에 생명력을 가지고 있다는 사실도 그리고 최소한도라 할지라도 각각 서로 예의 진행 과정에 실제 몸소 참여해야 한다는 사실도 우리는 보통 주목하고 있지 못하다. 진정한 상호존중은 상대방에 대한 자신의 존경의 마음을 의식적으로 감지하거나, 자신의 마음을 상대방에 대한 존경에 초점을 의도적으로 맞추는 것이 아니다. 예는 그저 올바른 생활, 말하자면 자연스럽고 자발적인 행위를 하는 중에 충분히 표현되는 것이다. 이런 예식의 힘은 첫째로 배워 익힘에 달려 있다고 공자는 말하고 있다. 그것은 선천적으로 주어지는 것이 아니다 (pp. 32-33).

예는 배워 익히는 것으로서 어릴 때부터 시작해야 할 교육의 내용이다. 어떤 면에서는 예가 인보다 더 중요한 개념일 수도 있다.

· 예는 사회적 형식의 조화와 아름다움, 인간 상호 관계의 내재적이고 궁극적인 존엄성만을 강하게 나타내어 주는

것은 아니다. 예식은 또한 동등한 존엄성을 가진 타인과 함께 예 안에서 무리와 충돌없이 자유스럽게 공동 참여함으로써 자신의 목적을 이루어 내는 것이며, 그 과정에서 암묵적으로 함축되는 도덕의 완성을 보게 되는 것이다. 좀 더 나아가 말하자면, 예식을 따라하는 행위는 타인(또는 그것을 바라보는 상대방)에게도 완전히 개방되어 있는 것이다. 왜냐하면 예식은 공개적이고, 공동 참여적이며, 따라서 누구에게나 명백한 것이기 때문이다. 예식과 다른 방식으로 행동하는 것은 비밀스럽고, 요령 부득이하고, 정도에서 벗어난 것이거나, 아니면 독재적 폭력에 의한 강제성을 띤 것이기 때문이다. 궁극적으로 자기와 같은 타인들과 함께 어울려 이러한 예식에 아름답고 근엄한 공개적인 참여를 통하여 인간은 자기 인격을 실현하는 것이다(p. 41).

· 정신은 예식 안에서 표현되며, 그 안에서 가장 생생하게 살아나는 것이다. 인간의 현세 영역에서 다른 초월적 세계에로 관심의 방향을 전환시키지 않고서, 인간은 누구나 공개적으로 거룩한 예식을 올림으로써 그 거룩함의 내용을 참된 인간 존재의 차원으로 표현하며, 동시에 그 참된 인간 존재의 차원에 몸소 참여한다는 양방면에서 바로 공개적인 거룩한 예식은 인간 존재의 중추적 상징

으로 보여지는 것이다. 명백히 거룩한 예는 이렇게 도를 인간 문명 속에, 보다 포괄적이고 이상적이며 전면적인 예식의 조화를 통하여, 완전하게 체현해 내는 찬란한 중심점이 되는 것이다. 인간 생활은 그 전체면에 있어서 마침내 하나의 광대하고 자발적이며 거룩한 예, 즉 신성스런 예식에 공동 참여를 통하여 사람들이 서로 무리없이 자연스럽게 어우러지고 융합해 나가는 인간의 공동체로 나타나는 것이다. 이것이 바로 공자의 '궁극적인 관심' 이었다. 원자적으로 각기 고립되고 자기 완결적인 개개 인간들의 삶 자체보다 더 문제가 되는 유일한 것이 바로 이 점이라고 공자께서는 거듭거듭 말씀하였다(p. 42).

논어는 공동체 속에서 드러나는 인격에 지대한 관심을 두고 있고 예의 중요성도 이런 각도에서 살피고 있다. 여기서 논어에 담긴 상담 지식을 인격 상담이라고 명명할 수 있는 가능성이 엿보인다. 상담자가 성취해야 할 인격의 표본으로서 공자의 주장을 제시하고 거기에 초점을 맞추는 작업이 의미가 있을 것이다.

· 공자에 있어 주된 도덕 문제는 어떤 사람이 자신의 자유의지에 의해 선택한 행위에 대해 그 사람의 책임 소재를 따지려는 것이 아니라, 어떤 사람이 도에 대하여 적절한

교육을 받았는지 그리고 그가 그 도를 열심히 배울 욕구를 가지고 있는가 하는 실제적인 문제들이다. 도덕질서(예)를 따르지 못하는 행위에 대한 적절한 반응은, 비록 결과가 사악한 것이 될지라도 자유롭게 책임이 따르는 선택에 대한 자기-유죄 판결이 아니라 단순한 결점, 힘의 부족, 요컨대 자기의 '인격 형성'의 부족함을 극복하기 위한 자기-재교육인 것이다.… 공자의 철학적 견해는 인간을 비극적 존재, 내적인 위기와 죄의식을 가진 존재로 보는 면에는 아무런 기초도 제공하지 않는다. 대신 그것은 인간의 존엄성을 마련하는, 사회지향적이고 행위지향적인 관점을 제공해 준다.… 내적인 인간과 내적인 갈등이라는 서양인들에게 익숙한 이미지는 공자의 개념에는 본질적인 것이 아니다. 공자가 이상화한 인간의 존엄성, 신묘함과 세련미가 있는 삶 그리고 그 안에서 실천적 · 지적 그리고 영적인 것들이 동등하게 외경되며, 하나의 행위, 즉 예의 행위 속에서 조화를 이루게 되는 그러한 삶의 모습들의 절정에서 현실화되는 것이다(pp. 66-67).

인간을 개인적 존재가 아니라 철저하게 사회적 존재로 파악하는 관점이 중요하다. 여기서 교육이나 상담의 문제 역시 개인의 내면이 아니라 사회적 관계 속에서 개인이 차지하는 위치와 역할에 집중해야 한다는 발상을 얻을 수 있다.

· 인은 영어로 선, 인간애, 사랑, 자비, 덕, 인간다움, 최상의 인간성 등등으로 번역되었다. 다양한 주석가들에게 인은 미덕, 포괄적인 덕, 정신 상태, 마음 자세와 감정의 복합체, 신묘한 존재로 여겨졌다(p. 70).

다소 애매모호한 부분이 있을지라도 인을 아주 넓은 개념으로 파악해도 좋을 듯.

· 앞에서 보듯, 인은 사람과 사람 사이의 관계와 밀접히 연결된다. 요컨대, 예 속에 정의되어 있는 특정한 형식들을 통해서 상호간의 신뢰와 존중이 표현되는 곳에 인의 길이 있는 것이다. 이렇게 보면 예와 인은 같은 것의 양면인 것이다. 각각은 인간을 뚜렷하게 인간답게 만드는 역할에 이바지하는 인간 행위의 각각 한 측면을 지시하고 있다. 예는 우리로 하여금 인간의 행위나 관계들에 대한 전통적인 사회적 패턴에 주의를 돌리게 하는 것이며, 인은 그런 행위의 패턴을 추구함으로써 그러한 관계들을 유지하고 있는 사람에게 주목을 하게 한다. 예는 불변하는 규범을 예증하는 것으로서, 자신의 신분에 맞는 특정

한 행위를 지시하며, 인은 인간됨의 방향성을 분명히 나타내는, 즉 예의 규정대로 행위하겠다는 그 사람의 심지를 명백하게 표현하는 행위와 연관된다. 예는 한 행위자의 단일하고 개별적인 몸짓, 즉 그런 몸짓을 하는 오직 그 한 개인과, 그런 특수한 행위가 늘어나는 오직 그 하나의 앞뒤 맥락과 연관하여 그 사람 자신이 특정적 · 개별적으로 하고 있는 몸짓과 연관되는 것이다(pp. 76-77).

예와 인은 같은 것의 양면이다. 이를테면 내용과 표현의 관계와 같다. 하지만 이 둘 사이에 갈등과 긴장이 있을 가능성은 얼마든지 있다. 이 부분, 즉 예와 인이 갈등을 이루는 양상을 분류하고 그에 따라 상담이 개입할 수 있는 여지를 생각해 볼 수 있을 것 같다.

· 우리가 해서는 안 될 일은 논어에 나오는 공자의 용어를 개개인의 심리적 차원의 문제로 보는 일이다. 이런 것들을 바라볼 수 있는 첫 번째 단계는 인 및 그와 관련된 다른 덕목들 그리고 예라는 것 등은 논어 원문에서 '의지', '감정', '내심의 상태' 라는 말과는 전혀 관계가 없다는 것을 인지하는 일이다(p. 77).

· 논어에 서양적 의미의 내심이란 부재한다는 명명백백한 사실에 주목할 필요가 있다. 논의의 전개를 앞질러 말하

자면, 나는 여기에서 단지 정신적인 것이란 공자에게는 공적인 것, 즉 '외면적인 것'—그러나 그 정신적인 것이 신이나 혹은 인간이 아닌 다른 존재들이나 비인간적인 괴력들에서 구현되었다는 의미는 결코 아니다—이라는 점을 언급해두려고 한다. 논어 원문을 보면 공자가 적어도 세 경우에 '내적인 것'에 대해서 모호하게 언급했다는 것을 알 수 있다. 그러나 다른 한편, 그는 잘 다듬어진 용어들로 행위나 처신 그리고 행위의 규칙들에 대해 줄기차게 얘기하고 있다. 좀 더 말하자면 '내적인', '사적인' 것에 대한 그의 언급들은 언제나 그곳을 병통의 근원, 즉 도덕 발전의 결여의 장소로 지적하는 경우다. 도덕 발전을 적극적으로 규정짓는 성공이란 객관적으로 처신하는, 말하자면 상호 신뢰와 존중을 예 안에서 특수하고도 구체적으로 나타내는 일이다(pp. 81-82).

논어를 해석할 때 지나친 심리주의를 경계해야 한다. 이렇게 보면 논어 상담의 기본 성격은 개인 내면 상담이라기보다 사회적 관계와 맥락이 중시되는 상담으로 자리매김되어야 한다. 개인과 사회의 관계에 대한 논어의 독특한 관점에 주목할 필요가 있다.

· 사람은 인성의 다듬어지지 않은 원재료만을 가지고 태어

나므로 인은 '먼저 어려운 일을 할 것'을 요구한다. 인간은 아직 깎이고 닦이지 않은 원재료, 즉 성숙한 인간으로 형성될 수 있으나, 아직은 조야한 충동들이나 잠재력에 불과한 것이다. 짜임새 있는 인격은 아직 이루어지지 않았다. 인은 예가 계발되는 한에서만 계발된다. 인은 예 안에서 자기 모습을 형성하는 것이다(p. 84).

· 인은 '어려운 일을 한 뒤에' 온다. 물론 예를 배우는 데는 시간과 노력, 인내가 필요하다. 그러므로 사람이 인해지기 위해서는 먼저 시간과 노력, 인내가 필요하다. 인하지 않은 사람은 예와 관계를 가질 수 없다. 자신을 예에 귀의시킬 수 있는 사람은 인하다. 이렇게 인과 예는 상호적으로 작용한다(pp. 84-85).

· 예를 수행하는 데에는 일련의 단계들로 구성된 방법이 있지만 인은 그렇지 않다. 인은 당장이라도 실현되는 것이 바람직하다. 사람은 누군가에게 인사할 것을 결정하고 그렇게 한다. 이렇게 인사하는 것은 예다. 어떤 특정 맥락에서 우리는 공개적으로 드러난 연속된 몸동작—즉, 복잡한 일련의 손과 팔의 움직임, 규정된 인사말과 교환, 요컨대 시간과 공간의 차원에서 행위적 요소와 언어적 요소들로 분석될 수 있는 일련의 잘 조화된 행위들과 수행—을 보는 것이다. 그러나 누구에게 인사하기로 결정

하는 일은, 또한 몇 단계의 정신적 행위로 반드시 나눠질 수 있는 '정신적 행위', 즉 또 다른 '내심의' 행위로 생각할 필요는 없다. 결정을 내리는 데는 내재적 · 본질적인 길 또는 방법은 없다. 사람은 간단히 결정한다(pp. 85-86).

· 인은 어려운 일을 한 뒤에 온다. 즉, 예에 의해 요구되는 행위의 솜씨를 몸에 익힌 뒤에 오는 것이다. 인간들이 상호 교제하는 데 필요한 여러 가지 개명된 솜씨들을 모두 다 익숙하게 배우기는 참으로 어렵다. 하지만 그것은 비상한 능력보다는 인내를 요구한다. 그렇다고 인내하는 방법도 인하는 방법도 특정적 · 규정적으로 있을 수 없다. 사람이 배움을 계속하느냐 그렇지 않느냐 하는 것은 인내하느냐 인내하지 않느냐의 문제인 것이다. 마찬가지로 예 안에서 자기 존엄성을 찾는 주위의 다른 사람들에 대하여 어떤 사람이 똑같은 관심과 배려를 가지고 행동하느냐 못하느냐 하는 것이 인한가 그렇지 못한가의 문제일 뿐이다. 이러한 시각에서 보면 인 되기는 쉽다. 단적으로 인하게 행동하라!… 예는 특정한 다른 방법을 통해 배워야 하는 것이지만, 인은 원하기만 하면 즉시 가까이에도 있을 수 있는 것이다(pp. 88-89).

인과 예의 관계와 차이에 대해서 언급한 부분이다. 이

문장에서 시간적인 관계에서 보면 예가 인에 앞서야 한다는 힌트를 얻을 수 있다. 예로 훈련하며 시작된 것이 인하는 마음이 솟으면서 완성되는 것이다. 전통사회에서 왜 그렇게 예를 강조했는지 이해가 가는 대목이다.

그리고 주관적으로 불안하다는 마음 상태는 일종의 착각 또는 잘못 교육받거나 교육받지 못한 상태에 불과하다는 해석도 가능하다. 즉, 불안한 마음이 개인 심리 상태의 불균형을 일컫기는 하지만, 그 원인을 심리적인 것으로만 한정해서 설명하려고 할 때 건드리지 못하는 부분이 있을 수 있다. 상담과 교육이 함께 작용해야 할 가능성을 시사한다.

· 공자가 강조한 덕목들은 모두 정말로 '역동적이고' 사회적인 것들이다. 예를 들면, 恕(인간 관계에서의 상호 존중), 忠(충성), 信(타인에 대한 믿음)과 같은 것들은 원래부터 타인들과의 역동적인 관계를 포함하고 있다. 다른 한편, 순수성이나 결백과 같은 '정적이고' '내적인' 덕목들은 논어에서 별로 역할을 못하고 있다(p. 93).

사람을 사람답게 만드는 힘이 사회 또는 공동체에 있다는 논어의 주장을 다시 한 번 되새길 필요가 있다. 논어 상담은 역시 이 부분을 강조하는 방향으로 가야 할 것이다.

· '덕은 외롭지 않고 반드시 이웃이 있다.' 고 공자는 말한다. 인간은 다른 사람들과 더불어 공동체 예식에 참여함으로써 변신하게 된다. 그렇게 변신할 때까지 인간은 진정한 의미의 인간이 아니며, 다만 인간으로 계발될—마치 갓 태어난 유아나 원시림의 늑대소년 또는 야만인처럼— 잠재성만 있는 것이다. 예식이 어떻게 야만인을 우리가 이해할 수 있는 최고 수준의 사람으로 변환시키는가를 이해하게 될 때 비로소 예식은 정당화된다.… 어쨌든 우리는 인간의 뚜렷한 본성과 존엄성에 대한 우리의 비전을 환히 밝혀주고 심화시켜 주는, 인간과 사회에 대한 하나의 관점을 얻게 된다. 우리가 인간을 원자처럼 고립된 개별적인 자아라기보다는 차라리 주위 사람들과 함께 참여하는 공동체 예식의 참여자로 보게 될 때, 제사 예식에 쓰이는 그릇처럼, 그 사람은 우리들 눈에 새롭고 신성한 아름다움을 지닌 존재로 보이게 되는 것이다(p. 121).

· 자기를 극복하여 예에 돌아간다는 뜻은 동물적 욕구나 부도덕한 격정에 더 이상 좌우되지 않는다는 것이며, 그것은 인문 정신을 꽃피게 하는 자유의 성취를 말하는 것이다. 그것은 결코 예에의 굴종이 아니라 인간 정신의 승

리를 말하는 것이다.… 사람은 다른 사람들과 함께 올리는 예식 행위를 통해 인간다움의 완숙함으로 계발할 수 있다(p. 122).

논어 상담이라는 것이 있다면 그 상담의 목표가 여기에 있음을 분명히 밝혀주는 대목.

이런 식으로 필자가 읽은 주변 자료들(김용옥, 2001, 2002; 박이문, 2005, 왕방웅 · 증소욱 · 양조한, 2002; 이장지, 1985; 천웨이핑, 2002)에서 의미 단위를 뽑아 내고 거기서 얻는 상담적 단상을 기록해 나갔다.

4. 논어의 중심 내용 정리하기

2.와 3.의 작업을 수행하면서 논어의 중심 내용을 추려 내고, 특히 상담과 관련하여 주의깊게 살펴볼 항목들을 정리하였다. 그 결과 '인', '예', '인과 예의 관계', '개인과 사회' 등의 항목들이 선정되었다.

일단 네 개 항목을 선정한 다음에는 논어 번역서와 주변 자료들 속에서 각 항목과 관련된 문장들을 한데 모아놓고 읽으면서 생각을 정리하였다. '인'에 대해 예를 들면 다음과 같다.

◆ 인(仁)

· 참된 인간은 밥 먹을 동안에도 인을 어기지 않고, 급할 때도 그렇고, 거꾸러질 때도 그래야 한다(이인, 5장),
· 인에 관한 한 스승에게도 양보하지 않는다(위령공, 35장).
· 사람이 어질지 아니하면 예는 무엇을 할 것이며, 사람이 어질지 아니하면 악은 무엇을 할 것인가(팔일, 3장).
· 인을 구하며 인을 얻었으니, 무엇을 후회하겠는가(술이, 14장).
· 뜻이 굳은 선비나 어진 사람은 인을 희생하면서까지 살려고 하지 않고, 또 인을 성취하기 위해서는 자신의 죽음도 마다하지 않는다(위령공, 8장).
· 말을 꾸며대며 얌전한 체하는 짓으로 아마 사람다운 인을 갖기는 드물다(학이, 3장).
· 효제는 인의 근본이다(학이, 2장).
· 어진 사람은 자기가 서고자 함에 남도 서게 하며, 자신이

통달하고자 함에 남도 통달하게 한다(옹야, 28장).

· 어진 사람은 자신이 하고자 하지 않는 것을 남에게 강요하지 않는다(위령공, 23장).

· 능히 다섯 가지(공손함, 너그러움, 믿음, 민첩함, 은혜로움)를 세상에 행할 수 있으면 인이 된다(양화, 6장).

· 인이 먼 곳에 떨어져 있는가? 내가 인을 실현하고자 하면 그 인은 바로 다가오는 것이다(술이, 29장).

· 인의 실현됨은 행위자의 의지에 달려 있고, 그 실천은 바로 나에게 달려 있다(왕방웅 · 증소욱 · 양조한, 2002).

· 공자는 인애에 대하여 스스로 구체적인 다섯 가지 덕성의 조목을 보여 주었다. 이 다섯 가지 덕성은 사람과 사람 사이에 스스로 존중하고 스스로 소중히 여기는 일이며, 또 상호 존중하고 서로 사랑하며 서로 믿음을 주는 기본 정신을 꿰뚫고 있다(천웨이핑, 2002).

· 공자가 인이라는 말로 뜻했던 것은 첫째, '교언영색 선의인' 이라는 명제에서 찾을 수 있는 것처럼 인은 자신에 대한 진실성, 즉 순수하고 자기 자신에 투명하고 정직한 심성을 뜻한다는 점이다. 가식과 허위는 인에서 가장 멀리 떨어져 있는 품성이다. 둘째, '효와 공경은 인의 근본이다.' 라는 명제에서 찾을 수 있는 것처럼 인의 본질은 효제에서 그 예를 찾아볼 수 있다. 효제, 즉 효도와 형제간

의 우애는 모든 인간이 공통적으로 타고난 도덕적 심성이다. 이는 일단 남을 나와 못지않게 생각해 희생적으로 그를 아끼고 존중하는 행위를 할 수 있는 마음씨로 규정할 수 있다(박이문, 2005).

· 공자의 사상은 여러 가지 도덕적 가치 가운데 가장 중요한 덕목, 즉 지덕, 지선을 공자는 인이라고 불렀다.

이런 식으로 예, 인과 예의 관계, 개인과 사회에 대한 문구들을 함께 모아놓고 생각을 다듬어 나갔다.

5. 논어에서 상담 지식 추출하기

논어에서 상담 지식을 추출하기 위하여 다음과 같은 과정을 거쳤다. 아주 중요한 부분이므로 상세하게 기술하도록 한다.

첫째, 2. 논어 읽기에서 표시해놓은 문구들을 따로

읽으면서 머릿속에 떠오르는 잠정적인 분류명을 문구 앞에 적어놓았다. 예를 들면, 다음과 같다.

· 사회적 행동 원리(자기주도성): 사람들이 알아주지 않더라도 서운해하지 않는다면 군자가 아니겠는가.
· 사회적 행동 원리(진정성): 말을 좋게 하고 얼굴빛을 곱게 하는 사람이 인한 이가 적다.
· 사람을 살피는 법: 한 사람이 교제하는 친구를 조사하고, 그가 일정한 목표를 달성하기 위해 채용한 방법을 관찰하며, 그의 심정이 무엇에 편안함을 느끼고, 무엇에 불안감을 갖는가를 알아낸다. 그렇다면 그 사람됨이 어찌 숨겨질 수 있겠느냐? 그 사람됨이 어찌 숨겨질 수 있겠느냐?
· 발전의 원리, 복습: 예전에 익힌 지식을 복습할 때, 새로운 체험과 새로운 발견을 할 수 있다면 곧 선생이 될 수 있다.
· 사람을 살피는 법: 어떤 잘못은 일정한 사람에 의해 저질러진다. 자세히 한 사람이 저지른 잘못을 관찰해 보면, 곧 그가 어떤 유형의 사람인가를 알 수 있다.
· 사회적 행동 원리(합리성): 군자가 천하의 일에 대해서

반드시 어떻게 해야 한다는 규정도 없고, 또한 하지 말아야 한다는 규정도 없는데, 다만 어떻게 하는 것이 합리적이고 합당한지 이에 따라 할 뿐이다.

· 사회적 행동 원리: 개인의 이익에 근거하여 행동하면 많은 원한을 불러들이게 될 것이다.

· 사회적 행동 원리: 직위가 없음을 근심하지 말고, 다만 직위를 맡을 자질이 없음을 근심하라. 자기를 알아주는 사람이 없음을 걱정하지 말고, 다른 사람들로 하여금 자기의 자질을 알 수 있도록 추구하여라.

· 사회적 행동 원리: 선생님의 학설은 다만 충과 서뿐이다. 恕에 대하여 공자 자신은 "자기가 하고 싶지 않은 것을 남에게 시키지 않는다."고 했으며, 忠은 서의 적극적 측면, 즉 "자기가 서려 하면 먼저 남을 세우고, 자기가 통달하려면 먼저 남을 통달하게 한다." 고 말했다.

· 사회적 행동 학습 원리(모델링): 어진 사람을 보면 마땅히 그와 같이 하려고 하며, 어질지 못한 사람을 보면 곧 자신을 반성해야 한다.

· 바람직하지 못한 일상생활: 인품과 덕성을 배양하지 않고, 학문을 강습하지 않으며, 의가 거기에 있음을 듣고도 오히려 몸소 그 곳으로 가지 못하며, 결점이 있어도 고치지 못하는 것, 이러한 것들 모두 내가 우려하는 것이다.

· 바람직한 일상생활: 공자께서 집에서 한가하게 지낼 때에는 그 모습이 매우 가지런하시고, 얼굴빛이 화락하시며, 심신이 편안하셨다.

· 학생 교수법: 학생을 가르치는데, 그가 마음속으로 분명함을 구하려 하나 얻지 못하는 지경에 이르지 아니하면 그를 깨우쳐 주지 않고, 그가 말하고자 하나 오히려 말이 나오지 않는 지경에 이르지 아니하면 그를 개발해 주지 아니한다. 그에게 동쪽을 가르쳐 주었는데, 그가 그것으로 서 · 남 · 북 세 방향을 미루어 알지 못하면 다시 그를 가르치지 않는다.

· 다른 사람의 의견을 듣는 법: 나는 참으로 행운아구나. 간약 내게 허물이 있으면 사람들이 꼭 지적해 주니 말이다.

· 완성된 인격의 모습: 공자는 온화하면서 준엄하시고, 위엄이 있으면서 사납지 않으시며, 장엄하면서 점잖으셨다.

· 완성된 인격: 공자는 다음의 네 가지 결점을 조금도 갖고 계시지 않았다. 근거 없이 추측하지 않으시고, 덮어놓고 긍정을 하지 않으셨으며, 융통성 없이 고집을 부리지 않으셨고, 오직 나만이 바르다고 하지 않으셨다.

· 사회적 행동 원리: 예에 맞지 않는 일은 보지 말 것이며, 예에 맞지 않는 말은 듣지 말 것이며, 예에 맞지 않는 말

은 하지 말 것이며, 예에 맞지 않는 일은 하지 말 것이다.

· 사회적 행동 원리: "선비는 어떻게 해야 통달했다고 할 수 있습니까?" "어떻게 해야 통달하는가? 품성이 정직하고; 어떤 일이 생기면 이치를 따지며, 다른 사람의 말을 잘 헤아리고서 다른 사람의 안색을 잘 관찰하며, 생각에서도 다른 사람에게 자신을 낮추고자 원하는 것이다."

· 사회적 행동 원리: "어떻게 해야 자기의 덕을 높이고, 자신에 대한 다른 사람의 드러나지 않은 원한을 없애며, 어떻게 어리석은 일을 분별할 수 있는지를 묻고자 합니다." 공자께서 말씀하셨다. "참 잘 물었구나. 먼저 일을 하고 나서 수확을 얻으면 덕을 높일 수 있지 않겠느냐? 자신의 나쁜 점은 비판하되, 다른 사람의 나쁜 점은 비판하지 않으면 보이지 않는 원한을 없앨 수 있지 않겠느냐? 우연한 분노 때문에 자기를 잊고, 심지어는 부모까지도 잊어버리게 되니, 어리석은 것이 아니겠느냐?"

· 완성된 인격: 강직하고, 결단력 있으며, 소박하고, 말을 쉽게 내뱉지 않는 네 가지 인품을 가진 사람은 인덕에 가깝다.

· 선비의 인격: 서로 비평해 주고, 화목하게 같이 살면 선비라 할 수 있을 것이다. 친구 사이에는 서로 비평해 주고, 형제간에는 화목하게 같이 사는 것이니라.

· 사회적 행동 원리: 미리 다른 사람이 나를 속이지 않을까 의심하지 말고, 또 아무런 근거없이 다른 사람이 믿음직하지 못할까 미리 추측하지 말 것이되, 오히려 일찍 발견해 낼 수 없는 사람이 현자일 것이라!

· 사회적 행동 원리: "한마디로 평생토록 받들 만한 말이 있습니까?" "아마도 서가 아닐까! 내가 하고 싶지 않은 어떠한 일을 다른 사람에게 시키지 말아야 한다."

· 사회적 행동 원리(군자가 생각해야 할 아홉 가지): 군자에게 아홉 가지 생각하는 바가 있으니, 볼 때는 분명하게 보았는가를 생각하고, 들을 때는 똑똑히 들었는가를 생각하고, 얼굴의 안색은 온화한가를 생각하고, 용모와 태도는 공손한가를 생각하고, 말은 충성스럽고 솔직한가를 생각하고, 일을 행할 때에는 엄숙하고 진지한가를 생각하고, 의심스러운 것이 있을 때에는 다른 사람에게 어떻게 물을 것인가를 생각하고, 분노가 치밀어오를 때에는 어떤 후환이 있을 것인가를 생각하고, 얻을 것을 보면 내가 마땅히 얻어야 할 것인지를 생각한다.

· 완성된 인품: 도처에 능히 다섯 가지 인품과 덕성을 행할 수 있으면 어진 사람이라 할 수 있다. 장중하고, 관대하며, 성실하고, 부지런하고 민첩하며, 자혜로운 것이다. 장중하면 모욕을 받지 않고, 관대하면 많은 사람들의 옹호

를 받게 되며, 성실하면 다른 사람에 의해서 쓰임을 받게 되고, 부지런하고 민첩하면 일의 효율이 높아져 공헌하는 바가 커지고, 자혜로우면 사람을 부릴 수 있다.

· 여섯 가지 인품과 병폐: 인덕을 좋아하되 학문을 좋아하지 않으면 그 병폐는 사람들에게 쉽게 우롱당하는 것이고, 총명함을 좋아하되 학문을 좋아하지 않으면 그 병폐는 방탕하고 기초가 없어지게 되는 것이고, 성실함을 좋아하되 학문을 좋아하지 않으면 그 병폐는 남에게 쉽게 이용당해 자기를 해치는 것이고, 솔직함을 좋아하되 학문을 좋아하지 않으면 그 병폐는 말이 날카로워 다른 사람의 마음을 아프게 하는 것이고, 용감한 것을 좋아하되 학문을 좋아하지 않으면 그 병폐는 난을 일으켜 화를 자초하는 것이고, 강함을 좋아하되 학문을 좋아하지 않으면 그 병폐는 겁없이 함부로 행동하는 것이다.

· 시의 교육적 효용: 제자들아, 너희들은 어찌하여 시를 연구하지 않느냐? 시를 읽으면 연상력을 기를 수 있고, 관찰력을 제고시킬 수 있으며, 다른 사람과 잘 어울리는 훈련을 할 수 있고, 풍자 방법을 배울 수 있다. 가깝게는 그 가운데의 도리를 운용하여 부모를 모실 수 있고, 멀리는 임금을 섬길 수 있을 뿐 아니라, 또한 조수 초목의 이름도 많이 알 수 있다.

둘째, 분류명이 같거나 유사하게 붙여진 문구들을 함께 모았다. 앞에 제시한 문구들을 예로 들어 살펴보자.

◆ 다른 사람의 의견을 듣는 법

· 나는 참으로 행운아구나. 만약 내게 허물이 있으면, 사람들이 꼭 지적해 주니 말이다.

◆ 바람직한(바람직하지 못한) 일상생활

· 인품과 덕성을 배양하지 않고, 학문을 강습하지 않으며, 의가 거기에 있음을 듣고도 오히려 몸소 그곳으로 가지 못하며, 결점이 있어도 고치지 못하는 것, 이러한 것들 모두 내가 우려하는 것이다.

· 공자께서 집에서 한가하게 지낼 때에는 그 모습이 매우 가지런하시고, 얼굴빛이 화락하시며, 심신이 편안하셨다.

◆ 발전의 원리, 복습

· 예전에 익힌 지식을 복습할 때, 새로운 체험과 새로운 발견을 할 수 있다면 곧 선생이 될 수 있다.

◆ 사람을 살피는 법

· 어떤 잘못은 일정한 사람에 의해 저질러진다. 자세히 한 사람이 저지른 잘못을 관찰해 보면, 곧 그가 어떤 유형의 사람인가를 알 수 있다.

· 사람을 살피는 법: 한 사람이 교제하는 친구를 조사하고, 그가 일정한 목표를 달성하기 위해 채용한 방법을 관찰하며, 그의 심정이 무엇에 편안함을 느끼고 무엇에 불안감을 갖는가를 알아낸다. 그렇다면 그 사람됨이 어찌 숨겨질 수 있겠느냐? 그 사람됨이 어찌 숨겨질 수 있겠느냐?

◆ 사회적 행동 원리

· 사람들이 알아주지 않더라도 서운해하지 않는다면 군자가 아니겠는가(자기주도성).

· 진정성: 말을 좋게 하고 얼굴빛을 곱게 하는 사람이 인한 이가 적다(진정성).

· 군자가 천하의 일에 대해서 반드시 어떻게 해야 한다는 규정도 없고, 또한 하지 말아야 한다는 규정도 없는데, 다만 어떻게 하는 것이 합리적으로 합당한지, 이에 따라 할 뿐이다.

· 개인의 이익에 근거하여 행동하면 많은 원한을 불러들이게 될 것이다(합리성).

· "선비는 어떻게 해야 통달했다고 할 수 있습니까?" "어떻게 해야 통달하는가? 품성이 정직하고, 어떤 일이 생기면 이치를 따지며, 다른 사람의 말을 잘 헤아리고서 다른 사람의 안색을 잘 관찰하며, 생각에서도 다른 사람에게 자신을 낮추고자 원하는 것이다."

· 예에 맞지 않는 일은 보지 말 것이며, 예에 맞지 않는 말은 듣지 말 것이며, 예에 맞지 않는 말은 하지 말 것이며, 예에 맞지 않는 일은 하지 말 것이다.

· 직위가 없음을 근심하지 말고, 다만 직위를 맡을 자질이 없음을 근심하라. 자기를 알아주는 사람이 없음을 걱정하지 말고, 다른 사람들로 하여금 자기의 자질을 알 수 있도록 추구하여라.

· 어진 사람을 보면 마땅히 그와 같이 하려고 하며, 어질지 못한 사람을 보면 곧 자신을 반성해야 한다.

· 군자에게 아홉 가지 생각하는 바가 있으니, 볼 때는 분명하게 보았는가를 생각하고, 들을 때는 똑똑히 들었는가를 생각하고, 얼굴의 안색은 온화한가를 생각하고, 용모와 태도는 공손한가를 생각하고, 말은 충성스럽고 솔직한가를 생각하고, 일을 행할 때에는 엄숙하고 진지한가

를 생각하고, 의심스러운 것이 있을 때에는 다른 사람에게 어떻게 물을 것인가를 생각하고, 분노가 치밀어 오를 때에는 어떤 후환이 있을 것인가를 생각하고, 얻을 것을 보면 내가 마땅히 얻어야 할 것인지를 생각한다.

· "어떻게 해야 자기의 덕을 높이고, 자신에 대한 다른 사람의 드러나지 않은 원한을 없애며, 어떻게 어리석은 일을 분별할 수 있는지를 묻고자 합니다." 공자께서 말씀하셨다. "참 잘 물었구나. 먼저 일을 하고나서 수확을 얻으면, 덕을 높일 수 있지 않겠느냐? 자신의 나쁜 점은 비판하되, 다른 사람의 나쁜 점은 비판하지 않으면, 보이지 않는 원한을 없앨 수 있지 않겠느냐? 우연한 분노 때문에 자기를 잊고, 심지어는 부모까지도 잊어버리게 되니, 어리석은 것이 아니겠느냐?"

· 미리 다른 사람이 나를 속이지 않을까 의심하지 말고, 또 아무런 근거 없이 다른 사람이 믿음직하지 못할까 미리 추측하지 말 것이되, 오히려 일찍 발견해 낼 수 없는 사람이 현자일 것이라!

· 선생님의 학설은 다만 충과 서뿐이다. 恕에 대하여 공자 자신은 "자기가 하고 싶지 않은 것을 남에게 시키지 않는다."고 했으며, 忠은 서의 적극적 측면, 즉 "자기가 서려하면 먼저 남을 세우고, 자기가 통달하려면 먼저 남을 통

달하게 한다."고 말했다.

· "한마디로 평생토록 받들 만한 말이 있습니까?" "아마도 서가 아닐까! 내가 하고 싶지 않은 어떠한 일을 다른 사람에게 시키지 말아야 한다."

◆ 인격과 인품

· 서로 비평해 주고, 화목하게 같이 살면 선비라 할 수 있을 것이다. 친구 사이에는 서로 비평해 주고, 형제간에는 화목하게 같이 사는 것이니라.

· 인덕을 좋아하되 학문을 좋아하지 않으면 그 병폐는 사람들에게 쉽게 우롱당하는 것이고, 총명함을 좋아하되 학문을 좋아하지 않으면 그 병폐는 방탕하고 기초가 없어지게 되는 것이고, 성실함을 좋아하되 학문을 좋아하지 않으면 그 병폐는 남에게 쉽게 이용당해 자기를 해치는 것이고, 솔직함을 좋아하되 학문을 좋아하지 않으면 그 병폐는 말이 날카로워 다른 사람의 마음을 아프게 하는 것이고, 용감한 것을 좋아하되 학문을 좋아하지 않으면 그 병폐는 난을 일으켜 화를 자초하는 것이고, 강함을 좋아하되 학문을 좋아하지 않으면 그 병폐는 겁없이 함부로 행동하는 것이다.

· 강직하고, 결단력 있으며, 소박하고, 말을 쉽게 내뱉지 않는 네 가지 인품을 가진 사람은 인덕에 가깝다.

· 공자는 다음의 네 가지 결점을 조금도 갖고 계시지 않았다. 근거 없이 추측하지 않으시고, 덮어놓고 긍정을 하지 않으셨으며, 융통성 없이 고집을 부리지 않으셨고, 오직 나만이 바르다고 하지 않으셨다.

· 공자는 온화하면서 준엄하시고, 위엄이 있으면서 사납지 않으시며, 장엄하면서 점잖으셨다.

· 도처에 능히 다섯 가지 인품과 덕성을 행할 수 있으면 어진 사람이라 할 수 있다. 장중하고, 관대하며, 성실하고, 부지런하고 민첩하며, 자혜로운 것이다. 장중하면 모욕을 받지 않고, 관대하면 많은 사람들의 옹호를 받게 되며, 성실하면 다른 사람에 의해서 쓰임을 받게 되고, 부지런하고 민첩하면 일의 효율이 높아져 공헌하는 바가 커지고, 자혜로우면 사람을 부릴 수 있다.

◆ 교육 방법과 내용

· 학생을 가르치는데, 그가 마음속으로 분명함을 구하려 하나 얻지 못하는 지경에 이르지 아니하면 그를 깨우쳐 주지 않고, 그가 말하고자 하나 오히려 말이 나오지 않는

지경에 이르지 아니하면 그를 개발해 주지 아니한다. 그에게 동쪽을 가르쳐 주었는데, 그가 그것으로 서 · 남 · 북 세 방향을 미루어 알지 못하면 다시 그를 가르치지 않는다(학생 교수법).

· 제자들아, 너희들은 어찌하여 시를 연구하지 않느냐? 시를 읽으면 연상력을 기를 수 있고, 관찰력을 제고시킬 수 있으며, 다른 사람과 잘 어울리는 훈련을 할 수 있고, 풍자 방법을 배울 수 있다. 가깝게는 그 가운데의 도리를 운용하여 부모를 모실 수 있고, 멀리는 임금을 섬길 수 있을 뿐 아니라, 또한 조수 초목의 이름도 많이 알 수 있다(시의 교육적 효용).

셋째, 각 분류명에 속해 있는 문구들을 되풀이해 읽으면서 더 세부적으로 나눌 항목들이 있는지, 또 분류명들 사이에 어떤 관계가 있는지 찾아보았다. 일단은 분류명들을 크게 사회생활과 관련된 항목과 인간 변화를 일으키기 위한 항목으로 나눌 수 있다고 판단했다. 그런데 자세히 살펴보니 인간 변화를 일으키기 위한 항목은 다시 태도와 관련된 항목, 구체적인 변화 전략과 관련된 항목으로 세분하는 것이 좋겠다는 생각이 들었다. 이렇게 나누어진 소항목들의 이름은 다음과 같다.

◆ **사회생활과 관련된 항목**

· 예절 지키기

· 효제하기

· 충서로 대하기

· 의를 따르기

· 배움 즐기기

· 배움 구하기

· 외모 예절 갖추기

· 실력 배양하기

· 허물 덮기

· 충고하기

· 선입견 배제하기

· 분노 다스리기

◆ 인간 변화를 일으키는 태도와 관련된 항목

· 상호 존중하는 태도

· 독선을 경계하는 태도

· 투명하게 자기를 개방하는 태도

· 모범이 되는 태도

· 관찰하는 태도

◆ 인간 변화 전략과 관련된 항목

· 개성에 맞는 처방

· 타이밍에 맞는 충고와 조언

· 사고 폭을 넓혀 가는 문답법

· 비유법

· 독서와 사색

· 꾸중과 칭찬

· 반복 학습

· 역사인물 비평

· 시, 음악, 예절

· 자기주도성 격려

· 내적 동기화

· 인품 대조법

· 제자 비평

· 점층법

넷째, 상담과 연관을 지으며 앞에서 찾아낸 항목들의 의미를 해석하고 체계적으로 구성하는 작업을 시작하였다. 이때 앞에서 언급한 바 있는 '변화와 적응에 대한 상담적 원리, 전략, 기법에 따라 나누는 방법'을 택해 기술하는 것이 좋겠다는 판단을 하였다. 그리하여 소항목들을 포함하는 큰 주제를 '논어에 제시된 바람직한 사회생활의 원리'와 '공자가 활용한 인간 변화의 원리와 전략'이라는 이름을 붙이게 되었다.

6. 현대 상담의 입장에서 논어에서 추출한 상담 지식의 가치 평가하기

앞의 작업들을 진행하면서 논어에 담긴 상담 지식이 현대 상담에 여러모로 기여할 수 있다는 확신이 들었다. 논어에 담긴 상담 지식 중에는 현대 상담과 아주 유사한 내용들도 있고 또 전혀 새로운 내용들도 있다. 요즘 개념으로 보면 공자의 행적은 상담자가 하는 일과 별반 다르지 않다. 이를테면 제자 집단을 이끌고 다니면서 수시로 인생 상담을 전개한 공자를 집단 상담의 선구자라고 해도 크게 틀리지 않는다.

그리하여 논어와 공자의 행적 중에서 현대 상담에 기여할 수 있는 대표적인 상담 지식을 몇 가지 추려 내었다. 이 상담 지식들을 가족에 대한 개입과 상담, 사회적 관계에 대한 개입과 상담, 상담자가 갖추어야 할 인격, 청담자의 발달과업, 상담 전략과 기법 등 다섯 가지로 나누어 세부적인 논의를 전개하기로 결정하였다.

7. 글쓰기

지금까지 작업한 내용을 설득력 있는 글로 표현할 차례다. 글쓰기는 크게 다섯 가지 절로 나누었다. 다섯 가지 절은 서론이라고 말할 수 있는 '왜 공자의 논어인가?' 본론이라고 말할 수 있는 '논어의 중심 개념', '논어에 제시된 사회생활의 원리', '논어가 현대 상담에 주는 시사점' 그리고 결론이라고 말할 수 있는 '맺음말' 등이다. 그중에서도 이 글의 핵심이라고 볼 수 있는 본론 부분을 어떤 방식으로 써 나갔는지 밝혀보자.

1) 논어의 중심 개념에 대해 쓰기

글을 쓰기 전에 선행된 여러 가지 작업을 통해서 필자의 머릿속에는 논어와 논어에 담긴 상담 지식에 대한 총체적인 그림이 그려져 있었다. 따라서 필자가 글을 쓰기 시작할 때부터 논어는 그냥 논어가 아니라 상담자의 시각과 관점에서 본 논어의 성격을 띠게 되었다. 따라서 논어의 중심 개념에 대하여 중립적 자세에서 글을 쓰려고 노력했지만, 결과는 꼭 그렇다고 말할 수 없다. 필자의 상담적 관점이 요소요소에 스며들어 있을 것이기 때문이다. 사실 논어에서 아무리 중요한 위치를 차지하는 개념일지라도 상담 지식과 무관한 것이라면 굳이 이 글에서 다룰 필요가 없다. 논어의 중심 개념으로서 필자가 찾아낸 인, 예, 인과 예의 관계, 개인과 사회 등은 모두 논어라는 텍스트에 필자의 상담적 안목이 착점하여 찾아낸 내용임을 잊지 말아야 한다.

논어의 중심 개념에 대한 글을 쓸 때 필자는 먼저 써야 할 스토리를 미리 머릿속에 정리하였다. 그리고 이 스토리를 뒷받침하는 근거들을 논어와 주변 자료들에서 찾아서 붙이는 방식으로 기술하였다. 원래 필자의 머릿속에 정리된 스토리는 논어와 주변 자료들을 읽으면서 형성된 것이지만, 글을 쓸 때는 그 반대 방향을 취한 것이다.

이제 항목별로 글을 써 나간 순서를 제시해 보자.

첫째, '인' 항목에 대해서는 그 중요성, 의미 등을

중심으로 논의하였다.

둘째, '예' 항목에 대해서도 그 중요성, 의미 등을 중심으로 논의하였다.

셋째, '인과 예의 관계' 항목에 대해서는 동전의 양면과 같은 인과 예의 속성, 인과 예가 형성되는 순서, 예가 강조되는 이유 그리고 인과 예가 불균형을 이루는 유형 등에 대해 논의하였다.

넷째, '개인과 사회' 항목에 대해서는 논어에 개인에 대한 언급이 없는 이유, 공자가 개인이 아니라 사회 또는 사회적 관계를 주로 언급하고 있는 이유 등에 대해 논의하였다.

2) 논어에 제시된 사회생활의 원리

논어에 산발적으로 표현되어 있는 사회생활의 원리를 끌어모아 열거하였다. 여기에 제시하는 사회생활의 원리들은 모두 현실 생활에서 '인'을 실현하는 주요한 방법이요 수단이다.

이 부분은 '논어에 제시된 바람직한 사회생활의 원

리'와 '공자가 활용한 인간 변화의 전략'으로 나누었고, 공자가 활용한 인간 변화의 원리와 전략은 다시 '사람을 대하는 태도'와 '변화 전략'으로 나누어 기술하였다.

글쓰기는 앞의 작업에서 발견한 소항목들에 대한 간단한 설명과 이를 뒷받침하는 논어 구절을 덧붙이는 식으로 진행되었다. 이 부분에서는 필자의 해석을 가능하면 삼갔다. 앞으로 다양한 활용이 가능한 원자료 상태로 남겨두는 편이 좋겠다는 판단에서다.

3) 논어가 현대 상담에 주는 시사점

다른 부분에서도 그렇지만 특히 이곳에서는 연구자의 창의성, 통찰력 그리고 생산적 상상력이 돋보이는 글쓰기가 요구된다. 그리하여 필자는 정해진 틀에 따라가는 방법에서 벗어나, 자유롭게 생각을 펼쳐 나가는 방식으로 글을 써 나갔다. 이 과정에 지금까지 작업하면서 논어에서 발견한 상담 지식과 현대 상담에 대한 필자의 상담적 식견을 한데 아우르려고 노력하였다. 더불어 앞으로 탐색해야 할 상담적 가설들을 언급하는 데에도 주저하지 않았다.

논어가 현대 상담에 주는 시사점 다섯 가지는 다음과 같은 순서로 기술되었다.

첫째, '가족에 대한 개입과 상담'에서는 한국 사회에서 가족의 중요성, 가족 관계에 문제가 발생하는 경우, 가족 문제에 대한 공자식 해결 방안 등에 대하여 비교적 자세하게 기술해 나갔다. 여기에다 부모-자녀 사이의 예절 문제로 고민하는 청담자를 상담하는 구체적인 방법을 밝혀보려고 하였다. 아울러 현대 사회에서 유행하고 있는 가족 상담에서 공자가 일찌감치 통찰한 가족 예절의 중요성을 부각시키려고 하였다.

둘째, '사회적 관계에 대한 개입과 상담'에서는 개인에게 미치는 사회의 역할, 논어에 제시된 사회생활의 원리들이 오늘을 살아가는 현대인에게 주는 가치 그리고 '인'과 '예' 사이의 불균형 관계를 중심으로 현대 상담에서 생각할거리를 정리하였다. 특히 '인'과

'예' 사이에 발생할 수 있는 불균형 관계를 몇 가지 유형으로 나누어 각각의 경우에 지혜롭게 대처하는 상담적 방법을 비교적 자세하게 논하였다.

셋째, '상담자가 갖추어야 할 인격'에서는 상담 관계의 특성, 상담자가 유지해야 하는 상담적 관계의 일관성, 인격적인 관계의 의미, 이상적인 상담자로서 공자의 인격적인 모습, 상담 관계에서 상담자 인격의 중요성 등에 대하여 논하였다. 아울러 현대 상담자가 되돌아보아야 할 인격의 표준으로서 공자를 제시하고, 상담학이 앞으로 인격에 깊은 관심을 기울여야 할 필요성을 역설하였다.

넷째, '청담자의 발달과업'에서는 상담에서 발달과업이 갖는 중요성, 공자가 제시한 발달 단계와 발달과업, 공자가 제시한 발달 단계의 특성과 그에 따라 전개되어야 할 상담의 모습을 논하고 있다. 특히 공자가 제시한 첫 번째 발달 단계에 대해서는 그 특성에 어울리는 상담의 모습을 예로 들며 설명하였다. 발달과업에 대한 부분 역시 앞으로 더 탐구되어야 할 과제로 강조하였다.

다섯째, '상담 전략과 기법'에서는 앞에서 정리한 변화 전략과 기법들의 현대적 의미를 부각시켰다. 그 중에서도 타이밍에 맞는 조언과 충고, 역사인물 비평, 제자 비평, 인품 대조법 등에 대해 앞으로 현대 상담이 주목해야 할 새로운 전략으로서 그 의미와 응용 방법에 대한 생각을 펼쳐 보았다.

4

맺음말

이 글은 제목 그대로 훌륭한 고전이 있음을 전제하고, 그 고전에서 상담 지식을 추출해 가는 과정에 대해 설명했다. 실제로 한 권 또는 두어 권으로 압축된 고전에 대해서는 이 글에서 설명한 방식을 따라가면 큰 무리가 없다(박성희, 2007, 도덕경과 상담). 그런데 때로는 탐구하려는 대상이 유명한 사상가이고 그 사상가의 생각이 한 권이 아니라 여러 권의 서적에 분산되어 나타날 때가 있다. 이런 경우에도 이 글에서 설명한 상담 지식 추출 방법은 여전히 효과가 있을 것이다. 고전에서 상담 지식을 추출할 때 해당 고전 이외에 다른 주변 자료들을 검토하는 과정과 탐구하려는 사상가의 생각이 담긴 모든 자료들을 꼼꼼히 검토하는 과정에 커다란 차이가 있을 것 같지 않다. 그러므로 비록 이 글이 고전을 염두에 두고 집필되었지만 사상가를 탐구할 경우에도 유사하게 적용 가능하다고 생각된다(박성희, 2007, 퇴계유학과 상담). 물론 자료의 특성에 따라 탐구 방식이 조금씩 달라지는 것은 너무도 당연한 일이다.

이 글은 고전에서 상담 지식을 추출하는 하나의 방법론적인 틀을 제시했다는 점에 의의가 있다. 전에 없던 새로운 방법론적 틀이기 때문에 생소하기도 하고 또 치밀하지 못한 부분이 발견될 수도 있다. 그럼에도 불구하고 이 방법론을 내는 이유는 첫발을 내디디지 않으면 발전은 없다는 절박한 심정에서다. 필자의 〈동양상담학 시리즈〉는 한국적 상담 지식과 동양적 상담 지식을 다룬 서적들이다. 그 작업을 하면서 우리 고전, 전통, 역사, 사상, 문화 속에 상담학자의 손길을 기다리는 무수한 상담 지식이 담겨 있다는 확신을 갖게 되었다. 문제는 이들을 적당한 방법으로 걸러내어 체계화하는 일이다. 이 글은 그런 일에 관심을 가진 사람들에게 도움이 될 첫걸음으로서 가치가 있다. 앞으로 이 방법이 상담학 연구자들의 좋은 도구가 되어 훌륭한 상담 지식을 창출하는 데 이바지하기를 바란다.

지금까지 설명한 방법을 통해 〈논어와 상담〉이라는 제목으로 최종 완성된 글이 〈동양상담학 시리즈〉 제4권으로 이미 출판된 바 있다. 필요한 분은 참조하기 바란다.

참고문헌

김용옥(2001). 도올논어1. 서울: 통나무.

김용옥(2002). 도올논어2. 서울: 통나무.

김용태(2000). 가족치료이론. 서울: 학지사.

김유숙(2000). 가족상담. 서울: 학지사.

박성희(2001). 상담의 새로운 패러다임. 서울: 학지사.

박성희(2004). 상담학 연구방법론. 서울: 학지사.

박성희(2007). 논어와 상담. 서울: 학지사.

박성희(2007). 도덕경과 상담. 서울: 학지사.

박성희(2007). 퇴계유학과 상담. 서울: 학지사.

박이문(2005). 논어의 논리: 철학적 재구성. 서울: 문학과 지성사.

성백요(1994). 논어집주. 서울: 전통문화연구소.

양백준(1997). 논어역주. 서울: 중문.

왕방웅 · 증소욱 · 양조한(황갑연 역, 2002). 논어철학. 서울: 서광사.

이동렬 · 박성희(2006). 새내기 상담가를 위한 상담과 심리치료. 서울: 교육과학사.

이장지(조명준 역, 1985). 인간공자: 현대 중국은 공자를 어떻게 평가하는가? 서울: 한겨레.

천웨이핑(신창호 역, 2002). 공자평전. 서울: 미다스북스.

허버트 핑거레트(송영배 역, 1993). 공자의 철학: 서양에서 바라본 예에 대한 새로운 이해. 서울: 서광사.

저자 소개

박성희

1957년 서울 출생
서울대학교 사범대학 교육학과 졸업
서울대학교 대학원 교육학과 교육상담학 박사
한국행동과학연구소 상담실 책임연구원
미국 위스콘신대학교 상담학과 객원교수
캐나다 브리티시 컬럼비아대학교 상담학과(ECPS) 객원교수
한국상담학회 수련감독사
현재, 청주교육대학교 초등교육학과 교수

[저서와 역서]
동양상담학시리즈 1~9권(학지사, 2007)
황희처럼 듣고 서희처럼 말하라(이너북스, 2007)
동화로 열어가는 상담이야기(이너북스, 2007)
담임이 이끌어 가는 학급상담(학지사, 2006)
한국형 초등학교 생활지도와 상담(공저, 학지사, 2006)
새내기 상담가를 위한 상담과 심리치료(이동렬과 공저, 교육과학사, 2006)
꾸중을 꾸중답게, 칭찬을 칭찬답게(학지사, 2005)
초등학교 현장 상담대화기법 동영상 CD 프로그램(학지사, 2005)
공감학: 어제와 오늘(학지사, 2004)
상담학 연구방법론: 사회과학 연구방법의 새로운 지평(학지사, 2004)
상담의 도구(대한민국학술원선정 우수도서, 이동렬과 공저, 학지사, 2002)
상담의 새로운 패러다임(대한민국학술원선정 우수도서, 학지사, 2001)
상담의 실제(대한민국학술원선정 우수도서, 이동렬과 공저, 학지사, 2001)
공감과 친사회행동(문음사, 1997)
사람들의 행동을 변화시키는 특이한 방법들(역, 양서원, 1995)

[수 상]
대한민국학술원선정 우수도서(2003)
제12회 한국교육학회 학술상 수상(2006)
제1회 청주교육대학교 우수연구교수(2007)

동양상담학 시리즈 10

고전에서 상담 지식 추출하기
논어를 중심으로

1판 1쇄 인쇄 | 2008년 1월 5일
1판 1쇄 발행 | 2008년 1월 10일

지은이 | 박성희
펴낸이 | 김진환
펴낸곳 | 도서출판 학지사

주소 | 121-837 서울시 마포구 서교동 352-29 마인드월드빌딩 5층
대표전화 | 02)326-1500 팩스 | 02)324-2345
홈페이지 | http://www.hakjisa.co.kr
등록 | 1992년 2월 19일 제2-1329호
정가 | 7,000원
ISBN | 978-89-5891-604-8 94180
978-89-5891-400-6 (set)

동양상담학 시리즈

■ 마음과 상담 ①

상담은 사람의 마음을 전문적으로 다루는 활동이다. 따라서 상담자는 마음이 어떻게 생겼는지, 어떻게 작동하는지, 어떻게 변화되는지 등 마음에 대해 남다른 지식을 가지고 있어야 한다. 이 책은 마음에 대한 동서양의 관점을 살피고 이를 상담에 활용하는 전략에 대해 다룬다.

■ 불교와 상담 ②

불교에서 상담적 요소를 찾아내어 이를 현대 상담 이론과 상담 전략으로 정립하려는 노력은 꾸준히 전개되어 왔다. 이제 지금까지의 연구 결과를 종합하여 매듭을 하나 짓고 동시에 불교 상담의 미래를 전망할 시점이 되었다. 불교 상담의 어제, 오늘 그리고 내일을 조망해 본다.

■ 선문답과 상담 ③

선문답과 상담이 무슨 관련이 있을까? 이해하기도 어렵고 이해하려는 노력만으로는 절대로 풀 수 없는 선문답을 상담에 가져오는 일이 가능할까? 하지만 700여 년 이상 전개된 선문답의 역사를 들여다보면 답은 명쾌해진다. 단박에 존재의 본질을 꿰뚫고 들어가는 선문답은 실존적 상담을 이끌어 가는 중요한 실마리로서 손색이 없다.

■ 논어와 상담 ④

2,500여 년 전 공자가 제자들을 데리고 다니며 상담 활동을 전개했다는 사실을 아는가? 요즈음 말로 공자는 인생 상담에 도가 트인 분이다. 논어에 담겨 있는 공자의 지혜를 현대 상담으로 풀어 낸다.

■ 퇴계 유학과 상담 ⑤

퇴계가 정립한 조선 성리학은 사람의 마음을 살핀 심성론이다. 경을 중심으로 전개되는 심성론에는 오늘날 상담학에서 다루는 많은 지식이 아주 섬세하게 논의되고 있다. 상담자로서 퇴계의 면모를 살펴보고 그의 아이디어를 현대 상담으로 끌어와 살핀다.

■ 도덕경과 상담 ⑥

도덕경은 그야말로 상담책이라고 해도 과언이 아니다. 도덕경의 한 구절 한 구절이 모두 세상을 행복하게 살아가는 법에 대해 말하고 있기 때문이다. 삶을 소유가 아니라 누림으로 풀어 내는 노자의 혜안을 통해 행복하게 살고픈 이들을 돕는 동양의 비법을 접할 수 있다.

■ 모리타 상담 ⑦

신경증 치료를 위하여 모리타가 개발한 일본식 상담이다. 서양식 상담을 일방적으로 수입하지 않고 일본 내에서 자생적으로 성장한 상담이라는 점이 주목할 만하다. '아무것도 하지 않으면 자연적인 치유의 힘이 발동한다.'는 원리로부터 체계적인 상담법을 발전시킨 모리타의 창의성이 돋보인다.

■ 나이칸 상담 ⑧

나이칸 상담은 모리타 상담과 어깨를 나란히 하여 세계로 수출되고 있는 일본식 상담이다. 감사하는 마음을 북돋아 일으킴으로써 청담자를 평화와 행복의 세계로 인도하는 방법을 제시하고 있다. 감사하는 마음을 일으키기 위하여 마련한 치밀한 세부 절차와 과정에서 일본 냄새가 강하게 풍기는 상담임을 느끼게 한다.

■ 동사섭 상담 ⑨

세계 상담계에 내놓아도 좋을 만한 대표적인 한국식 상담이다. 불교적인 아이디어와 서양식 상담을 절묘하게 버무려 새로운 형태의 상담을 탄생시킨 용타 스님의 혜안이 놀랍다. 짧은 시간에 많은 사람들의 메마른 감정을 휘저어 감동을 주는 동사섭의 세계를 맛볼 수 있다.

■ 고전에서 상담 지식 추출하기 ⑩

고전 서적에는 현대 상담에 엄청난 시사점을 주는 지식들이 많이 담겨 있다. 문제는 고전 속에 담긴 상담적 가치를 잘 살펴 상담 지식으로 정리하는 일이다. 이 글은 『논어』에서 상담 지식을 추출하는 과정을 상세히 진술함으로써 고전에서 상담 지식을 추출하는 하나의 모델을 제시하고 있다.

■ 한국 문화와 상담 ⑪

문화는 삶의 터전인 동시에 개인의 내면을 구성하는 힘을 소유하고 있다. 따라서 한국상담에는 한국 문화가 적절하게 반영되어야 한다. 이 글은 한국 문화의 특징을 총 15개 항목으로 제시하고 이들을 상담에 어떻게 접목할 것인지 논의하고 있다. 상담을 한국에 토착화시키려는 이런 작업이 앞으로 계속 이어지기를 기대한다.

박성희 저 / 46판 / 전11권 / 각권 7,000원 (세트 77,000원)